Inhalt

Arbeitszeitmodelle - wie sinnvoll ist die Einführung von Arbeitszeitkonten?

Kernthesen

Beitrag

Fallbeispiele

Weiterführende Literatur

Impressum

Arbeitszeitmodelle - wie sinnvoll ist die Einführung von Arbeitszeitkonten?

I.Lukmann

Kernthesen

- Unternehmen planen und organisieren mit Hilfe verschiedener Arbeitszeitmodelle ihren Personaleinsatz. [(3)](#), [(4)](#), [(6)](#), [(9)](#)
- Dabei werden Modelle wie die Gleitende Arbeitszeit, Teilzeit oder die so genannte Vertrauensarbeitszeit von Unternehmen häufig dazu verwendet, den Personaleinsatz zu flexibilisieren. [(2)](#), [(3)](#), [(4)](#), [(7)](#), [(9)](#), [(10)](#)
- Modelle wie das Job-Sharing (mehrere Mitarbeiter teilen sich einen

Vollarbeitsplatz) oder das so genannte Sabbatjahr (der Mitarbeiter nimmt eine Auszeit über einen längeren Zeitraum) sind spezielle Formen der Arbeitszeitregelung. (6), (9)

Beitrag

Unternehmen können das Engagement und die Produktivität von Mitarbeitern langfristig und entscheidend durch den Einsatz geeigneter Arbeitszeitmodelle fördern. Die Zunahme des internationalen Wettbewerbs sowie ein ansteigender Druck, flexibel auf Kunden- und Marktanforderungen eingehen zu müssen, führt zu einer steigenden Bedeutung des Faktors Zeit. Die Folge sind meist Arbeitszeitflexibilisierungen, Arbeitszeitverkürzungen oder gar der Abbau von Arbeitsplätzen. An dieser Stelle können beispielsweise Arbeitszeitkonten die notwendige Flexibilität erhöhen. (1), (6), (8), (9), (10)

Im Folgenden Artikel werden zunächst verschiedene Arbeitszeitmodelle dargestellt. Anschließend erfolgt eine Beschreibung, nach welchen Kriterien ein Unternehmen eines der vorgestellten Modelle auswählen und anschließend umsetzen kann.

Übersicht flexibler Arbeitszeitmodelle

Unternehmen können aus einer Vielzahl an unterschiedlichen Arbeitszeitmodellen eine für das eigene Unternehmen geeignete Auswahl treffen. Nachstehend werden die gängigsten Arbeitszeitmodelle skizziert.

1. Das bekannteste Modell ist das so genannte Gleitende Arbeitszeitmodell. Dabei werden, unter Berücksichtigung einer Kernarbeitszeit, der Beginn und das Ende der Arbeitszeit vom Mitarbeiter selbst bestimmt. Bei einer so genannten qualifizierten Arbeitszeit kann zudem noch die Anzahl der Arbeitsstunden variieren; während die einfache Gleitzeit immer von einer festen Anzahl an Arbeitsstunden ausgeht.

2. Die so genannte Selbstbestimmte Arbeitszeit (Vertrauensarbeitszeit) hat als maßgeblichen Bestimmungsfaktor den Arbeitsanfall. Das heißt, dass das Unternehmen einen bestimmten Output erwartet, der sich an der Menge der anstehenden Arbeit (Arbeitsanfall) orientiert. Die Organisation der eigenen Arbeitszeit erfolgt durch den Mitarbeiter. Dabei kann der Mitarbeiter seine individuellen Bedürfnisse gemeinsam mit den Erfordernissen des

Unternehmens abstimmen.

3. Eine ähnliche Gestaltung der Arbeitszeit kann über das Modell der Variablen Arbeitszeiten erfolgen. Hierbei wird auf einer monatlichen oder jährlichen Basis eine Sollarbeitszeit zwischen Unternehmen und Mitarbeiter ausgehandelt. Die Arbeitszeit wird anschließend anhand monatlicher oder auch wöchentlicher Bedarfe des Unternehmens bzw. des Mitarbeiters aufeinander abgestimmt.

4. Ähnlich wird dies im Falle des Modells der Jahresarbeitszeit gehandhabt. Der Mitarbeiter und das Unternehmen stimmen eine Jahresarbeitszeit miteinander ab. Das heißt, dass für den Mitarbeiter die Summe der Arbeitsstunden für das gesamte Jahr im Voraus berechnet und festgesetzt wird. Der Mitarbeiter hat anschließend die Möglichkeit, seine Freizeit selbst einzuteilen. In diesem Modell sind Zeiten mit Arbeitsspitzen, bei denen die Mitarbeiter anwesend sein sollten, ausgenommen. Das gesamte Jahr über erhält der Mitarbeiter einen gleich bleibenden monatlichen Lohn. Die monatliche Zahl der Arbeitsstunden kann dabei theoretisch bis zu einem bestimmten Maß in Minusbereiche geraten. Solange jedoch die gesamte Jahresarbeitszeit eingehalten wird, erhält der Mitarbeiter auch seinen festgesetzten Lohn.

5. Teilzeit, Altersteilzeit und Job-Sharing sind Formen der Regelung der Arbeitszeit, bei der Mitarbeiter ihre Arbeitszeit erheblich reduzieren können. Im Rahmen der Teilzeit können Mitarbeiter ihre tägliche oder auch monatliche Arbeitszeit verringern. Die Aufteilung dieser Arbeitsstunden auf einen Monat können von Arbeitgeber und Mitarbeiter individuell vereinbart werden. Entsprechendes gilt auch für das Modell der Altersteilzeit: Im Alter von 56 Jahren können Mitarbeiter theoretisch auf eine Teilzeitstelle (50 Prozent) wechseln. Diese Form der Arbeitszeitenregelung wird von der Bundesagentur für Arbeit für einen bestimmten Zeitraum gefördert. Eine besondere Form der Arbeitszeitenregelung ist das so genannte Job-Sharing. Dabei können sich mehrere Mitarbeiter einen Vollzeitarbeitsplatz teilen. Die Aufteilung der Arbeitszeiten kann individuell ausgehandelt werden. [(2)](), [(3)](), [(4)](), [(7)](), [(9)](), [(10)]()

6. Das Konzept der Lebensarbeitszeitkonten (LAZ) bietet zahlreiche Gestaltungsmöglichkeiten. Dieses neuartige Konzept berücksichtigt zum einen Zeitwertkonten als auch Lebensarbeitszeitmodelle. Die beiden Begriffe sind dem Inhalt des Paragrafen 7 Abs. 1 a SGB IV entnommen. In dem genannten Paragrafen wird im Rahmen von Arbeitszeitkonten von einem Wertguthaben gesprochen. Diese Arbeitszeitkonten werden, in der praktischen Auslegung des Begriffes, prinzipiell in Geldwerten

geführt. Das Guthaben kann dabei einzig durch Entgelte gesteigert werden. Hinzu kommt, dass eine regelmäßige Rückdeckung (des in den Arbeitszeitkonten gesammelten Guthabens) durch Anlagen in Kapitalmarktprodukte erfolgt. Eine Anpassung der Entwicklung des Wertguthabens (der Anlage am Kapitalmarkt) wird häufig an die des Arbeitszeitkontos des Mitarbeiters geknüpft. Die beiden Begriffe Zeitwertkonto als auch Lebensarbeitszeitmodell sind jedoch gesetzlich nicht verbindlich festgelegt. (8), (10)

7. Bei dem so genannten Sabbatical (oder auch Sabbatjahr) können sich Mitarbeiter eine einjährige Auszeit erwerben, indem sie Überstunden ansammeln bzw. auf Teile ihres Gehaltes verzichten. Die Vorteile für das Unternehmen liegen darin, dass Mitarbeiter in ihrer Auszeit ihre Motivation steigern oder ihre Weiterbildungsziele realisieren können. Diese Weiterentwicklung tragen die Mitarbeiter anschließend in das Unternehmen zurück. (6), (7), (9)

Vorgehensweise bei der Umsetzung neuer Arbeitszeitmodelle

Unternehmen können bei der Auswahl und Implementierung der genannten Arbeitszeitmodelle die folgenden Ansätze berücksichtigen.

1. Als ersten Schritt sollte das Management eines Unternehmens den Personalbedarf für verschiedene Zeiträume des Jahres identifizieren.
2. Anschließend werden Vor- und Nachteile aller Arbeitszeitmodelle untersucht und, entsprechend des notwendigen spezifischen Personaleinsatzes, eine geeignete Auswahl der Modelle getroffen. Dabei ist vor allem eine Berücksichtigung der so genannten Schwankungsbreite der Auftragslage des Unternehmens bei der Auswahl eines geeigneten Arbeitszeitmodells sinnvoll.
3. Im Anschluss daran ist darauf zu achten, dass der Informationsfluss im Unternehmen exakt gesteuert wird. Dies ist notwendig, damit die betreffenden Kapazitätsplaner im Unternehmen sowohl die Auftragssituation als auch die Zeitkonten der Mitarbeiter im Auge behalten können.
4. Die aus dem Auswahlprozess gezogenen Erfahrungs- und Richtwerte bilden die Grundlage für die im Anschluss daran folgende Einsatzplanung und sollten sorgfältig dokumentiert werden. (2), (3), (4)

Fallbeispiele

Tischlermeister Bernd Berse hat in seinem Betrieb (Individueller Möbelbau für Privatkunden) ein rotierendes Arbeitszeitsystem eingeführt. Mit der Einführung des neuen Arbeitszeitmodells hat Berse seinen Umsatz innerhalb von fünf Jahren verdoppelt und die Produktivität seiner Mitarbeiter signifikant gesteigert. Das Modell sieht wie folgt aus: Jeder Mitarbeiter arbeitet vier Tage die Woche à zehn Stunden; Auf diese Weise wird die 40 Stunden Woche eingehalten. Der Start der Arbeitswoche ist indes variabel geworden. Ein Mitarbeiter startet seine Arbeitswoche am Montag, der nächste am Dienstag usw. Die Zufriedenheit der Mitarbeiter ist dadurch ebenfalls gestiegen, da das rotierende Arbeitszeitsystem ihnen eine höhere Variabilität im privaten Leben ermöglicht: Beispielsweise können Mitarbeiter mit diesem System alle fünf Wochen ein verlängertes Wochenende von Freitag bis einschließlich Montag einplanen. (2)

BMW hat zahlreiche Modelle zur flexiblen Arbeitszeitgestaltung im Unternehmen eingeführt. Diese werden jedoch nicht von vielen Mitarbeitern genutzt. So nutzen beispielsweise nur 0,1 Prozent aller Führungskräfte bei BMW die Möglichkeit der Teilzeitarbeit. Dagegen nutzen 20 Prozent der

Belegschaft die Möglichkeit, von zu Hause aus über einen Telearbeitsplatz flexibel arbeiten zu können. Gerade mal 0,6 Prozent der Belegschaft entscheiden sich für eine längere Auszeit. Die Gründe für die geringe Nutzung der flexiblen Arbeitszeitmodelle bestehen darin, den Wiedereinstieg nicht zu schaffen oder in der Zwischenzeit den Arbeitsplatz zu verlieren. (6)

Weiterführende Literatur

(1) Intensivstation bleibt weiter am Krankenhaus - Neues Arbeitszeitmodell und Anpassung des Personalbestandes
aus Badische Zeitung vom 12.08.2006

(2) ARBEITSZEITMODELLE - Wie Zeit zu Geld wird
aus ProFirma, Vol. 9, Heft 06/2006, S. 24-28

(3) Bedarfsorientiert einstellen
aus Maschinenmarkt Nr. 18 vom 01.05.2006

(4) Neue Studie fordert flexibleren Personaleinsatz
Der ideale Mitarbeiter ist allzeit bereit
aus Industrieanzeiger, Heft 18, 2006, S. 18

(5) Flexibles Arbeiten wird immer beliebter
aus "medianet" Nr. 816/06 vom 19.05.2006 Seite: 46

(6) Eine Auszeit für neue Energie im Job Ein Sabbatjahr als Arbeitszeitmodell ermöglichen auch

immer mehr deutsche Firmen
aus Frankfurter Rundschau v. 15.04.2006, S.29

(7) So flexibel wie möglich
aus werben & verkaufen Nr. 15 vom 13.04.2006 Seite 067

(8) Innovationsmodell Lebensarbeitszeitkonten (LAZ) Zeitwertkonten - Implementierung stärkt die Mittelstandsfinanzierung
aus Vermögen und Steuern 04 vom 01.04.2006 Seite 026

(9) Die neue Flexibilität nutzen
aus Personal Nr. 04 vom 01.04.2006 Seite 014

(10) Personal flexibel einplanen
aus Lebensmittel Zeitung 40 vom 07.10.2005 Seite 062

Impressum

Arbeitszeitmodelle - wie sinnvoll ist die Einführung von Arbeitszeitkonten?

Bibliografische Information der deutschen Nationalbibliothek

Die Deutsche Nationalbibliothek verzeichnet diese Publikation in der deutschen Nationalbibliografie; detaillierte bibliografische Daten sind im Internet über http://dnb.d-nb.de abrufbar.

ISBN: 978-3-7379-0190-1

© 2015 GBI-Genios Deutsche Wirtschaftsdatenbank GmbH, Freischützstraße 96, 81927 München, www.genios.de

Alle Rechte vorbehalten. Dieses Werk ist einschließlich aller seiner Teile – z.B. Texte, Tabellen und Grafiken - urheberrechtlich geschützt. Jede Verwertung außerhalb der Grenzen des Urheberrechtsgesetzes bedarf der vorherigen Zustimmung des Verlags. Dies gilt insbesondere auch für auszugsweise Nachdrucke, fotomechanische

Vervielfältigungen (Fotokopie/Mikroskopie), Übersetzungen, Auswertungen durch Datenbanken oder ähnliche Einrichtungen und die Einspeicherung und Verarbeitung in elektronischen Systemen.